AF339596

CERCLE DES JEUNES OUVRIERS
126, Boulevard Montparnasse, 126

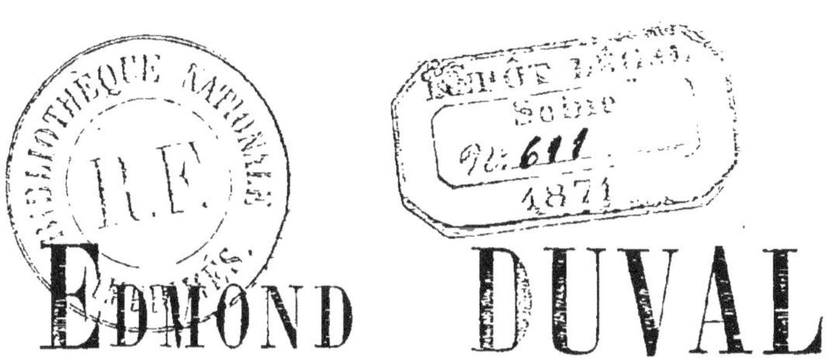

EDMOND DUVAL

PARIS

IMPRIMERIE A.-E. ROCHETTE

90, Boulevard Montparnasse, 90.

1871

L²⁷m
5850

Edmond DUVAL

VICE-PRÉSIDENT

DU CERCLE DES JEUNES OUVRIERS

Nous avons rendu en grand nombre, il y a quelques jours, les derniers devoirs à cet ami si dévoué du Cercle. Puis un service funèbre nous a réunis de nouveau dans notre chapelle, pour prier pour le repos de son âme. Il nous reste encore une dette à acquitter envers lui, c'est de fixer quelques traits de cette noble et douce figure d'ouvrier chrétien. Sans doute, nous savons bien que tout son être, naguère plein d'espérance et de jeunesse, n'est pas enfoui pour jamais dans le froid sépulcre où nous l'avons vu descendre. Bientôt, après l'épreuve que nos prières abrègeront, son âme, entièrement purifiée, entrera dans la gloire de l'éternelle vie ; mais nous avons besoin de garder une trace de son passage, dans les quelques notes qui vont suivre sur cette modeste et pure existence. Elles ne seront pas sans influer heureusement sur la formation des nouveaux membres du Cercle et pour la conservation de son esprit.

EDMOND DUVAL naquit au Chesne, canton de Breteuil-sur-Iton (Eure), le 31 août 1842 ; il apprit l'état de charron maréchal qu'il exerçait avec ses frères ; il perdit son père à l'âge de treize ans et demi. Vers quinze ans, il fut pris de l'envie commune à beaucoup d'ouvriers des campagnes de voir du pays, et il partit pour Evreux, tout en conservant des relations fréquentes avec sa famille. Il venait tous les mois passer un jour ou deux à son village natal. Deux ans plus tard il vint travailler à Saint-Germain, puis à Boulogne et enfin à Paris, où sa mère alla le rejoindre et qu'il ne quitta plus.

Il fut présenté au Cercle des Jeunes Ouvriers, alors établi rue Montparnasse, 24 dans la

soirée du dimanche 3 février 1861. Il avait
à peine dix-neuf ans et arrivait parmi nous,
assez médiocre ouvrier charron et chrétien un
peu tiède, mais fils dévoué et honnête jeune
homme ; sa physionomie ouverte et franche, témoignait de la préservation de sa jeunesse et lui
gagna de suite la sympathie de tous. A partir de
ce jour, Duval ne manque pas sans motif une
seule de nos réunions. Son cœur avait compris
l'esprit du Cercle et il s'y attacha profondément,
comme il arrive d'ordinaire pour les natures
d'élite, dès leur entrée dans nos sociétés, aux-
quelles elles paraissent prédestinées. Il y resta
fidèle jusqu'à sa mort. Résistant aux entraîne-
ments des ateliers et aux désordres d'idées et de
mœurs de l'ouvrier de Paris, il se voua tout en-
tier à sa mère, à son travail et à son Cercle. —
Ces trois dévouements l'ont sauvé.

Tout ce qu'il gagnait — et sa journée d'ouvrier
était très-belle — il le remettait fidèlement à sa
mère. Il ne faisait aucune réserve, même pour sa
toilette, toujours irréprochable, mais parfaitement simple ; sa mère présidait à ce détail si
important de la vie d'un jeune homme et source
de dépenses souvent exagérées, chez les meilleurs,

Quoiqu'en dehors du travail, il consacra tout son temps au Cercle, il savait sacrifier son attrait à son devoir ; et lorsque sa mère en avait le loisir, il l'accompagnait dans ses promenades ou dans des réunions de parents et d'amis. Il savait que le Cercle doit fortifier l'esprit de famille et ne jamais lui nuire ; mais, néanmoins, pénétré de la responsabilité de ses fonctions, il s'excusait toujours de ses rares absences avec une scrupuleuse exactitude. L'amitié la plus vive pour sa mère, sa sœur, ses frères et tous les siens, remplissait ce cœur qui ne connut jamais que les affections pures et légitimes.

Il fut bon ouvrier, et ce mot résume les plus nobles vertus. Il n'était pas de ceux qui ne travaillent que par force et sans goût. Il aimait le travail, et estimait son métier, auquel il s'appliqua si bien que, venu à Paris, petit charron de village, il devint excellent carrossier, la partie de la menuiserie qui exige le plus de connaissance de la géométrie et du dessin. Il ne manqua jamais d'ouvrage, même dans les temps ordinaires de chômage complet. Il remplit souvent les fonctions de contre-maître, et on lui proposa plusieurs fois de s'établir à son compte. La Société philantropique, après une enquête et un concours étendu à tous les ouvriers de Paris, le jugea digne, par sa capacité et sa conduite, de recevoir, en 1869, l'une des principales primes dont elle dispose, par suite du Legs Wolf, en faveur des travailleurs les plus méritants.

Ces dix années qu'Edmond DUVAL a passé au Cercle, ont été pour cette institution une époque très-importante, où elle s'est fondée et a fixé sa constitution définitive. Une société est privilégiée quand elle rencontre, au moment critique de sa formation, un tel instrument. Nature franche et simple de véritable ouvrier, homme de caractère, chrétien solide, Edmond DUVAL fit profiter le Cercle de ces grandes et rares qualités. Il prit une part active aux délibérations du Conseil et de l'Assemblée générale des sociétaires en 1867, où le Cercle fit la révision de son réglement et établit la Caisse de Secours mutuels et la participation de ses membres aux charges de la Société. Il fut élu Conseiller en septembre 1863 et Vice-Président en décembre 1868; mais, dans ces dignités, il ne vit que le devoir de se dévouer davantage. Il prit les charges les plus assujétissantes. Comme contrôleur et trésorier, il était tenu à la plus stricte exactitude et à la mission délicate de recevoir les cotisations et de les réclamer au besoin. Enfermé dans le bureau des recettes, il était privé d'assister à nos fêtes les plus attrayantes. Avec son cœur bon et sensible, il eut aimé à visiter les pauvres et à faire partie de la conférence. On fit la remarque que, pendant la séance, il n'y avait plus personne dans les salons pour recevoir les nouveaux. Duval se sacrifia encore ; sa rondeur ouvrière, son affabilité, sa bonne tenue et sa gaieté gagnaient le cœur de ceux qui se présentaient au Cercle pour la première fois. Son expérience des jeunes gens lui faisait aussi bien vîte apprécier leur valeur. Rarement un bon sujet, qu'il avait accueilli, ne reparaissait plus parmi nous.

Avec un fond sérieux, Duval garda le plus aimable privilége des cœurs droits. Il resta enfant. A vingt-neuf ans il jouait encore aux barres, il s'exerçait avec ardeur à la gymnastique et, sans ses fonctions où il était difficile de le remplacer, il eut été toute la journée dans le jardin, à la tête des jeux à courir. Il devait cet esprit de joie à sa vie vraiment chrétienne. Il ne communiait pas très-souvent, mais ses jours de communion n'étaient pas comme les autres. Sa gaieté était plus expansive, et il y avait dans l'ensemble de sa manière d'être une douceur, une retenue, quelque chose de tout particulier, qui témoignait de l'exquise sincérité de son cœur dans la pratique de la religion. En venant à Paris, il n'en avait guère que les habitudes extérieures ; au Cercle il en conçut l'intelligence et l'amour. Il avait adopté toutes ses dévotions. Il aimait la Sainte-Vierge et saint Joseph. Il était tendrement dévoué à notre bien-aimé Pie IX.

La franchise chrétienne est la meilleure tactique contre l'intolérance des ateliers. Membre d'une société importante d'ouvriers de sa profession, Duval obtint leur estime et fut élu trésorier. Il profita de son influence pour persuader à son chef d'atelier de ne pas obliger les ouvriers à travailler le dimanche. Ferme dans ses convictions, il ne pouvait comprendre certaines natures de jeunes gens à conscience large, qui associent quelquefois l'assiduité à nos sociétés et la fréquentation de lieux de plaisirs les plus dangereux. Ces inconséquences de conduite l'indignaient ; sa conscience droite ne connaissait pas de milieu entre le bien et le mal. Il ne sut jamais, non plus l'art d'obtenir au Cercle la popularité en ne faisant rien autre chose que de s'y amuser. Tombé au sort et mis dans la réserve, il fut quelque temps soldat, et il lui en était resté un certain cachet de fermeté militaire qui n'était pas toujours goûté des natures trop parisiennes ; mais aucun véritable membre du Cercle ne s'en est plaint. D'ailleurs ses progrès croissants dans l'esprit chrétien, l'avaient habitué à se dominer et, dans ces derniers temps, il se maîtrisait si parfaitement, qu'il était devenu le plus doux et le plus affable de la maison.

Des hommes comme Edmond Duval, rompus à toutes les traditions d'une œuvre, remplis de son esprit, experts dans tous ses moyens d'action, immuables au milieu d'un personnel essentiellement mobile et changeant, sont les colonnes de nos sociétés. En eux, en réalité, réside leur principale force. La direction peut changer, l'œuvre n'en souffrira pas notablement, tandis que rien ne peut suppléer à ces types modèles sur lesquels se forment les autres, sans s'en rendre compte. Nous pourrons, dans l'avenir, nous recruter de membres d'autant de vertu que Duval et de qualités même plus brillantes. Aucun d'eux ne pourra rendre de longtemps les mêmes services. Nous ne craignons pas d'insister sur l'inappréciable soutien que le Cercle vient de perdre en lui.

Depuis la guerre, les exigences du service militaire, auquel il avait été appelé, comme la plupart de nos membres, ne lui laissaient presque aucune liberté le dimanche ; mais il ne manqua jamais d'entendre la messe, comme d'ailleurs il avait l'habitude de le faire quand il était forcé de travailler. Il trouvait moyen de passer encore au Cercle quelques heures de la soirée ; mais le dimanche 12 février nous ne le vîmes pas ; se sentant indisposé, il ne put aller à sa caserne et rentra chez lui après la messe. Le lendemain la fièvre se déclara avec un caractère très-grave. Le mercredi, au milieu de la nuit, il fit appeler M. l'abbé Hello et le Directeur du Cercle. Il se confessa dans les sentiments les plus chrétiens, et le lendemain, reçut les derniers sacrements dans les mêmes dispositions et en pleine connaissance. Le bon Dieu, en récompense de sa vie si pleinement dévouée, suspendit l'horrible délire qui ne lui laissa plus que de rares intervalles de raison, pendant lesquels ses paroles ne respiraient que la plus vive contrition. Deux pensées semblaient l'occuper surtout, Dieu et son travail. Ses bras s'agitaient avec ardeur comme s'il eut manié les outils de son métier. Enfin, après de cruelles alternatives, le mal dompta cette constitution si riche et si forte. L'agonie fut longue et douloureuse, mais elle fut adoucie par la présence et les soins les plus fraternels d'un de nos membres agrégés, qui ne le quitta pas et voulut partager avec la pauvre mère les angoisses de cette nuit terrible. Au Cercle, le Très-Saint-Sacrement était exposé pour l'adoration nocturne en usage le Dimanche gras, et de ferventes prières s'élevaient vers le ciel pour notre ami, à l'heure où son âme paraissait devant Dieu !

Au moment où le Cercle, dispersé par les funestes événements qui ont désolé la France, avait tant besoin de dévouement pour se relever, et à une époque où la classe ouvrière compte de si rares chrétiens, Dieu vient d'appeler à lui cette âme d'élite qui pouvait encore ici-bas faire tant de bien !

Oh ! mystère profond ! Courbons-nous sous cette main, toujours miséricordieuse, lorsqu'elle frappe ses coups les plus douloureux. Dans la gloire éternelle, auprès des saints Patrons du travail, au culte desquels, dans nos fêtes de corps d'état, il a si activement contribué, l'ami que nous pleurons priera pour la prospérité de ce Cercle qui lui était si cher, pour tous ses membres et pour le retour à Dieu et à son Eglise de cette classe ouvrière dont il connaissait si bien les misères et les erreurs ! Au ciel, sans doute, il travaillera pour nous encore et nous obtiendra les faveurs que nous pouvons désirer.

Oh ! cher et bien-aimé Enfant, votre souvenir vivra à jamais dans cette petite société d'ouvriers chrétiens que vous aimiez comme des frères ! Si Dieu vous a ravi si vite à notre amitié, dans toute la fleur de la jeunesse et la vertu, c'est que, sans doute, il ne pouvait trouver pour avocat du salut des ouvriers, auprès de lui, une âme plus digne que la vôtre ! Oh ! vous prierez sans cesse pour votre Cercle chéri et pour les ouvriers de la France, égarés et malheureux, afin qu'ils comprennent comme vous, par le dévouement à la famille, au travail et à leurs frères, que la vraie liberté, la vraie dignité et la vraie joie sur la terre, c'est la vie chrétienne.

Paris, le 5 Mars 1871.

(5066). Paris — Imprimerie A.-E. Rochette, 90, Bd Montparnasse.

BIBLIOTHEQUE NATIONALE DE FRANCE

3 7502 006107957

www.ingramcontent.com/pod-product-compliance
Lightning Source LLC
Chambersburg PA
CBHW061823060726

47597CB00008B/3336